Timoteo Rivera Vicencio
Claudia L. Armas Z.

La Prisionización, factor de vulnerabilidad en la reinserción social

Timoteo Rivera Vicencio
Claudia L. Armas Z.

La Prisionización, factor de vulnerabilidad en la reinserción social

Dictus Publishing

Impressum/Imprint (nur für Deutschland/only for Germany)
Bibliografische Information der Deutschen Nationalbibliothek: Die Deutsche Nationalbibliothek verzeichnet diese Publikation in der Deutschen Nationalbibliografie; detaillierte bibliografische Daten sind im Internet über http://dnb.d-nb.de abrufbar.

Coverbild: www.ingimage.com

Contact:
International Book Market Service Ltd., 17 Rue Meldrum, Beau Bassin, 1713-01 Mauritius
Email: info@omniscriptum.com
Website: www.bookmarketservice.com

Published in 2018

Printed in: U.S.A., U.K., Germany. This book was not produced in Mauritius.
ISBN: 978-613-7-34862-8

Source: EU Bookshop, http://bookshop.europa.eu/

Impresión
Información bibliográfica publicada por Deutsche Nationalbibliothek: La Deutsche Nationalbibliothek enumera esa publicación en Deutsche Nationalbibliografie; datos bibliográficos detallados están disponibles en internet en http://dnb.d-nb.de.

Imagen de portada: www.ingimage.com

Contact:
International Book Market Service Ltd., 17 Rue Meldrum, Beau Bassin, 1713-01 Mauritius
Email: info@omniscriptum.com
Website: www.bookmarketservice.com

Published in 2018

Printed in: U.S.A., U.K., Germany. This book was not produced in Mauritius.
ISBN: 978-613-7-34862-8

La Prisionización, factor de vulnerabilidad en la reinserción social

Timoteo Rivera Vicencio
Claudia Lorena Armas Zacarías

Índice

Introducción

Capitulo I. Marco de referencia

1.1 La historia de la cárcel y su desarrollo 11

1.2 La reinserción social 14

1.3 Concepto de prisionización 16

1.4 El sistema penitenciario en México 17

1.5 Sistema penitenciario del estado de Veracruz 18

1.6 Teorías de la Personalidad 19

Capitulo II. Construcción del objeto de intervención

2.1 El modelo ecológico 22

2.2 Metodología 24

2.3 Objetivos de la investigación diagnóstica 27

2.4 Proceso metodológico 28

2.5 Resultados 30

2.5.1 Categoría entorno Físico-social 30

2.5.2 Categoría de la Personalidad 33

2.6 Hallazgos 36

Capitulo III. Estrategia de intervención

3.1.1 Fundamento de la estrategia 37

3.1.2 Planeación 37

3.1.3 Objetivos de la estrategia de intervención 38

3.1.4 Metas 38

3.1.5 Evaluación 40

3.1.6 Estrategias de intervención 41

3.1.7 Descripción y conceptualización del proceso de intervención 43

3.1.8 Descripción de las fases del proceso 44

Capitulo IV. Sistematización de la intervención profesional

4.1 Sistematización de la práctica 47

4.2 Objetivo de la sistematización 47

4.3 Objeto al que se sistematizaci 48

4.4 Procedimiento para la sistematización 48

4.5 Análisis del proceso 49

4.6 Sistematización de acciones 50

Conclusiones 52

Referencias Bibliograficas 54

Índice de tablas

Tabla 1. Teorías de la Personalidad 20

Tabla 2. Categorías de estudio 27

Tabla 3. Proceso Metodológico 28

Tabla 4. Instrumentos de Campo 29

Tabla 5. Habilidades Sociales 33

Tabla 6. Hallazgos 36

Tabla 7. Cronograma de Actividades 39

Tabla 8. Instrumento de evaluación del proyecto 41

Tabla 9. Fases del proceso 44

Tabla 10. Sistematización de Acciones 50

Índice de gráficas

Gráfica 1. Apoyo social 31

Gráfica 2. Molestias en la prisión 32

Gráfica 3. Nivel de agresividad 32

Gráfica 4. Autoestima 35

Gráfica 5. Recursos psicológicos 35

Introducción

Uno de los temas más relevantes pero poco trabajado desde la perspectiva del Trabajador social, es el tema de la reinserción social del área Penal, hoy en día los y las trabajadores (as) sociales han tenido un papel administrativo, pero más que nada ha sido por ciertas dificultades para realizar investigaciones con respecto al tema de la reinserción social, ya sea por el sistema de seguridad de la institución al que se debe acatar y por la propia seguridad del investigador. El presente trabajo es fruto de una investigación e intervención aplicada con las internas del Centro de Reinserción Social (CERESO) "Duport Ostion" de la ciudad de Coatzacoalcos, Veracruz, y constituye un avance de un proyecto de investigación del programa de Maestría en Trabajo Social de la Universidad Veracruzana.

En el primer capítulo se menciona la historia de la cárcel, que funcionaba como un método que el gobierno utilizaba para mantener al pueblo en un orden social, una institución que sirve como medida preventiva, además de ilustrar con las etapas y fechas más relevantes de la evolución de la cárcel, como lo es el uso de la terminología de readaptación a reinserción social, la prisionización que es el efecto de estar en instituciones carcelarias, por adoptar ciertas conductas carcelarias.

En el segundo capítulo hace referencia sobre la construcción del objeto de intervención, en donde se utiliza el modelo ecológico adaptándolo en tres niveles, que permite visualizar la realidad de la interna en un CERESO, las tres etapas son: a) microsistema es el nivel en donde se realizan las interacciones cara a cara en este caso es la cárcel en donde es ingresada la interna para cumplir un proceso penal, b) son las relaciones y comunicación que establece la interna tanto con los familiares y la institución en donde se encuentra, c) Macrosistema son las costumbres carcelarias que las internas han adoptado ante su situación y que pueden perjudicar su reinserción social. También se menciona de la metodología que se utilizó de

María Angélica Gallardo Clark, la investigación diagnostica en las dos etapas, la preliminar y la descriptiva, y los objetivos de dicha investigación diagnóstica.

El contenido del tercer capítulo menciona la estrategia que se utilizada en la intervención con las internas del CERESO "Duport Ostion" de Coatzacoalcos, que fue deliberándose a través de la investigación diagnóstica de Angélica Gallardo, con el proyecto denominado "Actuando ante la prisionización" para prevenir asi los efectos de la prisionización en las internas del mismo, se plantean actividades en donde se ejercitan sus habilidades sociales.

En el cuarto capítulo se menciona la sistematización de la intervención, es decir las acciones realizadas en el CERESO como un profesional en el área de Trabajo Social, en este apartado se recabo información sobre el procedimiento realizado en las actividades asi como la experiencia en el campo de trabajo.

Las conclusiones se refieren al impacto de la prisionización en la las internas, es decir, el aprendizaje social de las internas para su reinserción social y retomar su proyecto de vida al concluir su sanción. Trabajo Social es una profesión humanista y rescata esta experiencia con fines de prevención para las generaciones futuras, y ampliar la visión para la intervención social en este campo.

Capítulo I. Marco de referencia

1.1 La historia de la cárcel y su desarrollo.

Una de las ventajas de la disciplina de Trabajo Social es que se puede ejercer en las diferentes áreas, en este caso es la penitenciaria, actualmente pocos trabajadores sociales se ocupan del tema, lo que causa cierta incertidumbre sobre la situación en la que se vive en estas instituciones carcelarias, que con el tiempo se hicieron llamar Centros de Readaptación Social (CERESO), en este apartado se aborda el origen y desarrollo de esta institución.

La aparición de estas instituciones da inicio a la dominación que el Estado ejerce para el control social, mantener el orden social. Pero no siempre fue así, en los tiempos prehispánicos para México la cárcel se consideraba como un medio secundario para quienes cometían acciones delictivas poco importantes y funcionaba como medida de custodia preventiva, mientras se consideraba el castigo como una pena de muerte; uno de los delitos más graves y que merecía pena de muerte en la época prehispánica era el adulterio que cometía una mujer, era entregada a su pareja quien tenía el derecho de ejecutar la pena de muerte a la mujer aventándole una piedra a su cabeza.

El régimen penitenciario fue creando su base en la normatividad de esa época, también establecían los lugares en donde tendrían que ser conducidos los presos, las cárceles públicas y no privadas, acatando ciertas reglas básicas como la separación de los internos según su sexo, la existencia de registros, la prohibición de juegos de azar

Durante los tres siglos de la Época Colonial se acordaron un sinnúmero de disposiciones jurídicas que regularon la cárcel. Fue hasta 1823 que el escritor Joaquín Fernández de Lizardi redactó el Reglamento Provisional Político del Imperio Mexicano en donde establecía normas para el mejoramiento de prisiones y para la organización del trabajo en el penal, como también la especialización de los oficios para internos, más tarde con la consumación de la Independencia se establece que el trabajo era obligatorio para los reclusos, y se destinó en 1834, la cárcel de la ciudad para sujetos en procesos y la de Santiago Tlatelolco para los sujetos a presidio o destinados a trabajar en obras públicas.

Durante la evolución de la cárcel se vieron violentados los derechos humanos de los internos con las constantes torturas que les realizaban y fue en la Constitución de 1917 en donde se establecieron lineamientos para la organización y funcionamiento del sistema penitenciario, en donde también se realizó la separación de los procesados y condenados. Además se estipuló que toda pena de más de dos años de prisión se hiciese efectiva en colonias penales o presidios, que también dependieran directamente del Gobierno Federal y que estarían fuera de las poblaciones, debiendo pagar los Estados a la Federación, lo correspondiente.

Plutarco Elías Calles (1924) planteó que las penitenciarías fueran centros de regeneración, sin embargo, solo logró que en 1926 se fundara el primer Tribunal de menores en México.

A su vez Emilio Portes Gil (1929) expidió el 30 de septiembre en el Código Penal para el Distrito y Territorios Federales, la individualidad de sanciones para cada delincuente, seleccionando a los internos de casos especiales. El Gral. Lázaro Cárdenas impulso la unificación de las legislaciones penales y fue en el año 1935 que el departamento de Prevención Social determinó la necesidad de actuar ante la delincuencia infantil y juvenil, fue entonces que se desarrollaron labores relacionadas con el tratamiento y control de menores, para la internación del joven, considerando la integración de un expediente, con su examen social, el estudio médico y pedagógico, así llevando su caso por la institución.

En los años 1954 se da inicio a una nueva etapa del penitenciarismo moderno, creando la primera cárcel para mujeres y en 1957 se establece la penitenciaria del Distrito Federal en Santa Martha, Acatitla, con capacidad de instalar a 1500 reos, asimismo se procede a la separación de procesados, sentenciados y según el género.

a partir de 1956 el casillero contaba con un número de sentenciados de 211 mil 329 sujetos con antecedentes penales.

El Congreso Federal aprueba en 1971, la Ley que establece las Normas Mínimas de Readaptación Social de Sentenciados, con el propósito de regular el tratamiento con base al trabajo, la capacitación y educación del mismo, establecido en el artículo 18 constitucional. Se empiezan a abrir dos centros de reclusión preventivos, al norte y oriente del Distrito Federal; se cierra el 7 de octubre de 1976 Lecumberri, una de las primeras cárceles, en ese mismo año se inaugura el reclusorio preventivo del sur, cerrando también las cárceles preventivas de la Ciudad de México: Xochimilco, Coyoacán y Álvaro Obregón.

Más tarde se incluye (1994) el Código Penal del Distrito Federal en materia de Fuero Común y para toda la república en materia de Fuero Federal y la Ley de Normas Mínimas de Readaptación Social de Sentenciados, modificaciones en el sistema penitenciario de gran importancia referentes al tratamiento.

Anteriormente, este sistema se consideraba como detención más que a la readaptación, según a su enfoque se definía a las estructuras carcelarias como administración carcelaria, centrada en la reclusión como una sanción, los presupuestos que son dirigidos a la institución en sus momentos para el funcionamiento no son suficientes para brindar los servicios básicos.

Un gran momento para el Estado de Veracruz en materia Penal, fue un Decreto emitido en la Ciudad de Xalapa en los años 1943 y 1946, dando inicio a la creación del Departamento de Prevención y Readaptación Social, en la actualidad en el Estado hay 17 centros de Readaptación Social que están registrados oficialmente ante la Secretaría de Gobernación.

1.2 La Reinserción Social

La cárcel surge para ejercer el poder y la autoridad por el gobierno, para mantener el orden social, y garantizar la seguridad y resguardo de la población que es víctima de estas conductas delictivas que cometen los individuos. De acuerdo a lo establecido en la Leyes Mínimas de Readaptación social, busca que el interno pueda tener un tratamiento de educación para prevenir acciones delictivas.

Según el diccionario de términos jurídicos, define a la Readaptación Social: del latín re, preposición inseparable que denomina reintegración o repetición, y adaptación, acción y efecto de adaptar o adaptarse. El concepto de adaptar: es acomodar, ajustar una cosa a otra, dicho de personas significa acomodarse, avenirse a circunstancias, condiciones.

Según el diccionario de Consejería Jurídica readaptarse socialmente, significa volver a ser apto para vivir en sociedad, al sujeto desadaptado y que, por esta razón, violó la ley penal, convirtiéndose en delincuente.

En 1957 la Organización de las Naciones Unidas (ONU) aprueba las "Reglas Mínimas para el Tratamiento de los Reclusos" y que impulsó que nuestro país creara en 1971 la "Ley que establece Las Normas Mínimas de la Readaptación Social" para que se implementara en las instituciones carcelarias, es decir, en el CERESO y que a su vez le diera, legitimidad al concepto tomándolo a este como un derecho constitucional y tratamiento de readaptación social, para ayudar a readaptar a las personas internas por medio de una reeducación y capacitación para el trabajo, que además el tratamiento de este, será de manera individual. Aún bajo la legitimización de la readaptación y de las instituciones se siguen cometiendo, dentro de estos sistemas penitenciarios, la corrupción y violación de los derechos del interno, para combatir y mejorar el sistema se reestructuraron y se actualizaron de manera constante las leyes sobre la readaptación social, además de las reglas para el sistema de seguridad de las instituciones como también las reglas para los trabajadores tanto administrativos como de seguridad y custodia.

Dentro de las actualizaciones y propuestas que se han dado sobre el sistema penitenciario se propuso el cambio de "readaptación social" a la de "reinserción social" con el fin de generar nuevo criterios y favorecer a un nuevo tratamiento y consideración de las características que distinguen el estar privado de la libertad.

> En México, la justificación constitucional de la cárcel ha cambiado a lo largo de la historia. Entre 1917 y 1965 el objetivo fue la "regeneración" de la persona que delinque; entre 1965 y 2008 fue la "readaptación social del delincuente", mientras que a partir de la reforma de junio del 2008 al artículo 18, el propósito es buscar la "reinserción social del sentenciado", de manera que quienes salen de prisión pierdan el deseo de volver a delinquir. Asimismo, desde la reforma de junio de 2011 se incorporó el respeto a los derechos humanos como la base del sistema penitenciario (Leslie Solís y otros, 2013).

La reinserción social es la base del nuevo sistema penal, que busca no castigar al delincuente, sino ayudarle a dejar los hábitos que lo llevaron a delinquir y brindarle ayuda para que se transforme en un ser humano que sea de utilidad para la sociedad. Para poder promover la readaptación del delincuente, se le otorga una formación integral que permita a éste, alcanzar una vida honrada y digna en el momento de dejarlo en libertad.

> Principio de reinserción social. Esta nueva formulación de los fines preventivo especiales en el ámbito de la ejecución de la pena arranca de las críticas y el fracaso de las pretensiones resocializadoras más ambiciosas y que a la postre ha servido sobre todo como un poderoso instrumento legítimamente de la prisión gracias al cual lejos de convertirla en una pena excepcional de última ratio, se nos aparece no solo como la pena hegemónica en relación con las demás, sino que en si misma considerada se emplea con más intensidad y frente a más infracciones que en cualquier otro momento de su historia. La reinserción social nos sitúa frente a un condenado más real, más concreto; ante un sujeto con muchas carencias, algunas de las cuales tiene su origen en su propia condición de recluso. El

sistema penitenciario no puede pretender, ni es tampoco su misión hacer buenos a los hombres, pero si puede, en cambio, tratar de conocer cuáles son aquellas carencias y ofrecerle al condenado unos recursos y unos servicios de los que se pueda valer para superarlos. En cierta forma se propone que las terapias resocializadoras y la psicología sean desplazadas porla oferta de los servicios sociales y la sociología (Borja Mapelli citado por Hernández, 2012).

La nueva estrategia del sistema busca el cambio de la imagen de la cárcel, un mejoramiento en la funcionalidad de las instituciones carcelarias centrados al favorecimiento de los mismos internos, es decir la cura a sus conductas delictivas trabajando en la promoción de la reeducación y orientación, dándole importancia a los valores, integrando a la recreación y capacitación del trabajo para el desarrollo de su reinserción social.

1.3 Concepto de Prisionización

Al estar en un CERESO surgen ciertos cambios para la "interna" al entrar en nuevo ambiente, hay nuevas cosas que va a ir descubriendo, se enfrentará a un cambio ya que tendrá que acatar las reglas que se le irán imponiendo por medio de la institución, conocerá a otras internas, además de ciertas costumbres que ir descubriendo e irá adoptando, a ese proceso se le denomina prisionización.

(Clemmer, 1940) nos dice que la prisionización es "la adquisición en mayor o menor grado de las conductas diarias, costumbres y cultura general de la penitenciaria" nos da un ejemplo para poder entender según él es similar al proceso que un inmigrante adopta los patrones culturales del lugar al que llega a introducirse para establecerse y poder vivir, de la misma manera un delincuente al llegar a la institución y ser ingresado se le denomina interno o reo desde su inicio empieza a sufrir una serie de cambios los cuales se convierten en procesos y en su desarrollo va adquiriendo nuevas reglas las cuales tiene que respetar, valores y costumbres que son propios de la institución. (Garcia y Bores Espi, 2003)

La prisionización para las mujeres en los centros de readaptación social es entonces: la adaptación de las conductas, costumbres y cultura de la cárcel, aunque de una manera esa adopción de conductas es un mecanismo de defensa, ya que el ser humano es capaz de adaptarse al medio en donde se vive, aunque al estar en estas instituciones es también contraproducente a adaptarse y no a readaptarse es decir a no adquirir ciertas conductas pues el objetivo de estas instituciones es ayudar al individuo teniendo como propósito que dejen ciertas conductas antisociales y delictivas para ser reingresados a la sociedad. Es claro que la institución funge como sistema de privatización de libertad para cumplir con una pena pero también hay ciertas cuestiones que en las que influyen en la percepción del individuo, es decir, que el cambio de esta libertad a encierro, genera cambios psicosociales.

1.4 El sistema penitenciario en México

En la actualidad según las cifras del Instituto Nacional de Estadística y Geografía (INEGI) existe un total de 288 centros penitenciarios establecidos en todo el territorio mexicano, algunos de los centros que cuentan con mayor población son; el DF con 20 mil 909; el Estado de México, 11 mil 196; la ciudad de Baja California, 11 mil 241; Jalisco, 15 mil 698 y Sonora, 9 mil 736, todos ellos correspondientes del fuero común.

Anteriormente, este sistema se consideraba como detención más que a la readaptación, según a su enfoque, se definía a las estructuras carcelarias como administración carcelaria centrada en la reclusión como una sanción, los presupuestos que son dirigidos a la institución para su funcionamiento no son suficientes para brindar los servicios básicos.

El sistema penitenciario mexicano ha recobrado su capacidad de protección y servicio, la Secretaria de Seguridad Pública partió de las siguientes premisas:

Las funciones esenciales de la administración penitenciaria son: proteger y servir a la comunidad; proteger mediante el confinamiento seguro de las personas acusadas y/o sentenciadas por cometer un delito. Servir a través de la reinserción social de las personas recluidas, una vez que recuperan la libertad; proteger al personal penitenciario; contar con la fortaleza para identificar y alejar al personal de conductas que corrompen a la institución; generar condiciones de vida digna para las personas internas

El objetivo central del Sistema Penitenciario Federal era generar un nuevo arreglo institucional que permitiera a los distintos órdenes de gobierno atender a cada cual su población penitenciaria. Para atender a su nuevo objetivo el sistema Penitenciario Federal se organiza basándose sobre los derechos humanos de los internos, a la capacitación del mismo, la educación, la salud y el deporte como medios, para poder lograr la reinserción social del mismo que será reinsertado a la sociedad procurando que este, mediante su tratamiento no vuelva a delinquir, observando los beneficios que la ley le otorga. Además las mujeres cumplirán su pena en lugares separados de los hombres.

1.5 Sistema penitenciario del Estado de Veracruz

Según la Secretaria de Gobernación había 17 centros de Readaptación Social registrados oficialmente, como se menciona anteriormente en los años 1943 y 1946 se emite un decreto para la integración del departamento de Prevención y Readaptación Social. La cárcel es un espacio irreductible del Estado, que debe administrarse eficientemente. (Secretaría de Seguridad Pública, 2012). La Secretaria de Gobernación propone para los Centros de Readaptación del Estado de Veracruz, seguir las instrucciones y normatividad de las mismas para cumplir con los objetivos la misión y visión. (Luna, 2012)

Para los centros de readaptación, según el estado, su objetivo es: formar y fomentar en el interno el desarrollo de los valores cívicos, sociales, morales y culturales, lo anterior con fundamento a lo que establece las norma mínimas de Readaptación Social.

Marco jurídico.

La Dirección general de prevención y reinserción social se rige bajo la ley 350 de ejecución de sanciones, reglamento interno de los CERESOS manual de organización y procedimientos.

Sistema penitenciario de la ciudad de Coatzacoalcos

El CERESO "Duport Ostión" es perteneciente a la ciudad de Coatzacoalcos que se encuentra ubicado en el Km.17.5 de la carretera antigua a Mina, cuenta con una población total de 1843 internos, de ellos 1761 son hombre y 82 son mujeres.

El objetivo del CERESO "Duport Ostion" Coatzacoalcos es: formar y fomentar en el interno el desarrollo de los valores cívicos, sociales, morales y culturales. Para el funcionamiento de la institución se establecieron objetivos para cada dirección o departamento con el propósito de trabajar para el cumplimiento de ello, todos los objetivos son dirigidos al mejoramiento del interno.

1.6 La Teorías de la personalidad

De acuerdo con Germán Adolfo Seelbach, (2013, pág. 13), la personalidad se define como la estructura dinámica que tiene un individuo en particular; se compone de características psicológicas, conductuales, emocionales y sociales. Un punto importante en el que se debe enfatizar es que se estudiaba la conducta humana y es por eso que la conducta, llego también a ser definida a partir de una rasgo de la personalidad.

Diversas teorías explican cómo se construye la personalidad de acuerdo a sus modelos psicológicos, pero hay dos factores importantes de los cuales, permite visualizar la composición de la personalidad, a) El temperamento es cierta parte de la herencia genética de nuestros padres, algunas características físicas si se es atlético o tiene alguna enfermedad se puede heredar, el comportamiento y hasta algunas emociones, b) El carácter, esta característica de la personalidad se va desarrollando de acuerdo al medio en el que está inmerso el individuo. A continuación se muestra un cuadro breve con algunas teorías de la personalidad, los autores que la impulsaron, las características que destaca cada una de ellas.

Tabla 1. Teorías de la Personalidad

Teorías	Fundamentos	Aportación
Psicodinámica de la Personalidad (Sigmund Freud 1856-1939)	• El individuo tiene una conducta a su vez opera como fuerza psicológica, y se puede dar fuera de la conciencia. • La personalidad se desarrolla en medida de que un individuo logre satisfacer las etapas psicosexuales, durante su crecimiento.	Ello: está presente en el nacimiento es parte inconsciente, usa la satisfacción para evitar el dolor. Yo: se encuentra entre lo consiente y preconsciente, satisfacer el ello, mediante el razonamiento e inteligencia.
Fenomenológica de la Personalidad a)Carl Rogers y b)Gordon Allport	a) El hombre como un ser responsable de sus propias acciones. b) Resalta los factores individuales, hay una continuidad emocional en la vida de la persona.	a) Se nacen con capacidades y potenciales, a esto se le llama tendencia a la realización. b) Motivos autónomos para actuar / es la madurez. Propium (actitudes, objetivo y valores de la persona).
De los Rasgos Raymond Cattel	Las características particulares de cada individuo; temperamento, adaptación y habilidad emocional	4 rasgos : -Comunes (de todas las personas) -Superficiales (fáciles de observar) -Constitucionales (herencia/ambiente) -Dinámicos (capacidad de alcanzar la meta.
Conductual de la Personalidad Jhon Locke (XVII)	Un recién nacido viene en blanco, el ambiente como condicionante de su desarrollo.	Tabula rasa (ambiente es un moldeador de la personalidad)

Humanista Abraham Maslow	Las necesidades son inherentes de los seres vivos. Desarrollar el potencial de las capacidades del ser humano.	Autorrealización Personal Pirámide de las necesidades Humanas (Fisiológicas, seguridad, pertenencia, estima, trascendencia)

Fuente: Elaboración Propia, realizado con la aportación de los autores referidos.

CAPITULO II. Construcción del objeto de intervención

2.1 El Modelo Ecológico.

Según Jorge Ojeda Velázquez (2012, pag.70) "el concepto de reinserción significa volver a encausar al hombre delincuente dentro de la sociedad que lo vio cometer un delito" y esta misma es aplicable a toda persona que se encuentre privada de la libertad.

Uno de los problemas para estas situaciones sociales, es su complejidad y que no se encuentran con exactitud las causas y efectos, para la investigación diagnóstica se utilizó el modelo ecológico como un complemento que nos permite visualizar la realidad interna, categorizar de manera observable la situación para posteriormente hacer un análisis sobre su realidad, el ambiente en el que se desenvuelve y la conducta que adquiere a las diferentes situaciones que se le presente.

El modelo ecológico apareció a partir de los años 70 y también fue llamado como el paradigma ecológico, comparte expectativas metodológicas cualitativas y etnográficas, fue utilizada para la comprensión de las situaciones que suceden dentro de un aula y las clases tanto en el comportamiento de los alumnos como también del docente.

Ahora bien este modelo además de que permite estudiar las diferentes situaciones sociales es importante para el Trabajo Social y su utilización en los diferentes campos o áreas ya sea salud, educación, empresarial, penal, además podrían estar cada una de ellas en una problemática o fenómeno social que se esté diagnosticando, ya que este modelo utiliza los sistemas, y estos se relacionan entre sí. Urie Bronfenbrenner, establece cuatro niveles o estructuras concéntricas íntimamente relacionadas conforman dicho ambiente ecológico. (Crespi y Mikulic, 2014)

a) El microsistema, considerado como el nivel más cercano al sujeto, donde se producen las interacciones cara a cara.

b) El Mesosistema, centrado en las interrelaciones que existen entre dos o más entornos en los que la persona participa activamente (familia, trabajo y vida social).

c) El exosistema, que también condensa las relaciones entre dos o más entornos, pero éstos no incluyen a la persona como participante activo.

d) Macrosistema, integrado por los valores culturales, las creencias, las representaciones que rigen en una sociedad en un momento particular.

Bronfenbrenner considera que es posible una compresión ecológica- sistémica de la realidad que contempla la riqueza multidimensional de los fenómenos psicosociales (Castellá, 2008).

La utilización de este modelo nos permite observar, comprender, sobretodo visualizar el ambiente en donde se va a desenvolver la "interna", así como las relaciones que establezca y acciones que vaya tomando según la situación que se le presente.

En efecto, en el diagnostico se ocuparan tres niveles, considerándolos de la manera siguiente:

a-El microsistema: es el ambiente donde se encuentra la "interna", es decir donde está llevando su proceso de reinserción social, ya que por haber cometido un delito ante la ley según esta lo considere, se le privara de la libertad para ser llevada a un CERESO, según lo estipule un juez, estará en esta institución para cumplir con la pena y ser tratada para su reinserción social, con las distintas actividades y ocupaciones que se le ofrecen.

b-El Mesosistema: es la relación y comunicación que establece la "interna" con la familia e institución, además de las habilidades sociales de la misma.

c-Macrosistema: son los valores culturales, las creencias, las representaciones que las "internas" han recibido como influencia social, parte del proceso de endoculturación, que son manifestadas por medio de sus conductas y que además pueden modificar su personalidad.

d- Exosistema: es la relación que se entabla con otros entornos sociales, pero en este caso cabe mencionar que este nivel no puede ser utilizado, por el simple hecho de no estar en libertad, puede darse en el caso que a futuro se le pueda dar seguimiento y ser utilizado esta etapa, ya que en algunos casos tiene que asistir a un programa de seguimiento.

2.2 Metodología

Es un estudio descriptivo, una investigación de tipo transversal, cuantitativa, se utilizaron instrumentos para medir variables como el nivel de agresividad que han adquirido las internas, y de su apreciación a sí mismas, y también se aplicó un instrumento relacionado con las habilidades sociales.

Para este trabajo se utilizó y se apoyó en el diagnóstico de María Angélica Gallardo Clark, que ve al hombre como una actor de su propia realidad social y como un ser racional que puede hacer un análisis crítico y en consecuencia a una transformación ideológica (Clark, 1976). En la aplicación de este método se abordaron los dos niveles en la investigación diagnóstica;

1) Investigación preliminar y la 2) Investigación descriptiva

Etapas

Para el análisis de esta temática se aplicaron diferentes técnicas que facilitaron trabajar con las "internas", en primera se aplicaron para lograr una socialización, el primer paso nos permite tener esa comunicación que sirve para el transcurso de la investigación.

Investigación preliminar

En esta etapa de la investigación se prosiguió con 3 fases:

1-reconocimiento del Medio

2- Contactación intergrupal y

3-Descubrimiento temático.

Una vez establecido el contacto y siguiendo con las técnicas para destrezas y rompimiento de hielo, en donde se observaron las circunstancias en que las "internas" están, la comunicación que tienen entre sí, las actividades que realizan, las necesidades que enfrentan ante su situación, costumbres y valores que adoptan al estar recluidas. Esta etapa permite conocer a las internas y posiblemente da una idea de cómo abordar el tema.

Teniendo ya una comunicación estable, se propuso debatir un acuerdo sobre el modo de trabajar con las internas, es decir, en qué momento se podrían abrir los espacios de trabajo, tanto en el espacio físico como en el horario, para que la investigación sea sistemática, estableciendo un compromiso por parte de las Trabajadoras Sociales y las reclusas.

Posteriormente, se pasa a la realización de las técnicas, la primera son historias de vida que permiten conocer a la "interna" el antes de haber estado en la prisión, el ahora en la situación actual y como el proceso de estar cumpliendo una pena en el CERESO le ha afectado; nos permite ver las características de cada una, sus potencialidades como sus debilidades, sus logros y también sus tropiezos, este proceso se realizó con una calendarización para escucharlas y darle el tiempo a cada una de ellas.

Investigación descriptiva

En esta etapa de la investigación se narran los datos más relevantes que se recabaron en la investigación preliminar para identificar las características más importantes y posteriormente, analizar para la investigación diagnóstica. Este proceso es más bien la sistematización del diagnóstico.

1.- Se delimitó la situación de las internas, es decir, las manifestaciones de la personalidad que han adquirido al estar recluidas.

2.- Dentro del análisis del universo se determinó el número de población con el que se trabajó tomando una muestra no aleatoria.

3.- El diseño de investigación es la realización de un plan y estrategias que se utilizaron para trabajar con las mujeres internas, las técnicas a realizar, los instrumentos que se aplicaron.

4.- En el trabajo de campo, se aplicó el instrumento de investigación, que es el cuestionario para datos personales y tener expedientes de las internas, además se realizaron reuniones para la realización de las historias de vida de las internas y posteriormente, siguiendo con el programa se realizaron los grupos focales con respecto a la construcción de la identidad de las mujeres y se analizaron las manifestaciones de la personalidad, que han adquirido al estar recluidas e identificar cuáles de ellas podrían afectar su reinserción a la sociedad.

5.- En este punto, se realizó el análisis de codificación de datos obtenidos por medio de los instrumentos aplicados, una recolección de los datos importantes, clasificación de las variables y categorías, finalmente, un informe sobre la investigación con los datos más relevantes.

6.- Por último, se entregó el diagnóstico a las instituciones, mostrando los datos encontrados dando respuesta de cuáles son las características de personalidad que manifestaron las mujeres reclusas y si estas fueron o no adquiridas al estar internas, además de identificar las que afecten a la reinserción social.

2.3 Objetivos de la investigación diagnóstica

Objetivo General

Analizar el ambiente ecológico en que las internas establecen pautas recíprocas en el entorno físico, social y la relación con sus características de la personalidad, con el propósito de observar como el fenómeno de la prisionización se hace presente en la modificación de la personalidad y que puede llegar a vulnerar su reinserción a la sociedad.

Objetivos Específicos

1. Caracterizar el contexto inmediato en donde las internas reciben el proceso de reinserción social y su relación con las características de su personalidad.

2. Definir la interrelación entre las internas, familia-institución y sus habilidades sociales.

3. Exponer los valores culturales, las creencias, las representaciones que las internas han adoptado respecto a su situación.

Tabla 2 Categorías de Estudio

Categorías de estudio	Definición
Entorno Físico-Social	Es el ambiente en que se encuentra la interna y la relación social que sostiene, con familiares y amigos.
Habilidades Sociales	Son las capacidades que el individuo tiene y necesita, para interactuar con otros.
Personalidad	Cada persona cuenta con ella y se compone de características psicológicas, conductuales, emocionales y sociales.

Fuente: Elaboración Propia se realizó a partir de la investigación realizada en el CERESO "Duport Ostion"

2.4 Proceso Metodológico

Tabla 3. Proceso Metodológico

La Investigación preliminar
1- Reconocimiento del medio: se trata de observar el ambiente de trabajo, es decir, la institución, en este caso será el CERESO, además de reconocer el sujeto de estudio de la investigación diagnóstica que son las internas.
2.-Contactación intergrupal: es el primer paso para el acercamiento del objeto de estudio, se utilizaran como recursos las técnicas, para empezar la socialización del grupo de internas con que se pretende trabajar, buscando el rompimiento del hielo y que sea más amena y dada la comunicación del sujeto de intervención con el investigador, para posteriormente, continuar con la temática a trabajar
3.--Descubrimiento temático: Angélica Gallardo lo trabaja desde la perspectiva del individuo, lo que ellos piensan, la construcción empírica de las internas por medio de su vivencia. Aquí se trabajó con la concientización del tema que es algo que tienen en común el objeto de estudio, es hacerles ver a las internas sobre las conductas que han adoptado o no en el medio en que se encuentran, por el hecho de estar en una situación en donde son privadas de la libertad les genera ciertos cambios en su personalidad que son manifestadas por medio de su conducta y si estas pueden llegar o no a afectar su reinserción social

Fuente: Elaboración propia, de acuerdo con la Metodología de Angélica Gallardo, y la investigación preliminar realizada en el CERESO "Duport Ostion"

La unidad de análisis, se refiere a las manifestaciones de la personalidad que han adquirido las mujeres recluidas en el CERESO "Duport Ostión" de la ciudad de Coatzacoalcos, que afecten el proceso de su reinserción.

Técnicas e instrumento de campo. Para la realización del diagnóstico se utilizaron instrumentos cuantitativos, para ello se estableció una clasificación de ellos; los del entorno Físico-social y las características de la personalidad que se describen en la tabla 4:

Tabla 4. Instrumentos de Campo

Entorno Fisico social	**Apoyo social**: se aplicó este instrumento para conocer los apoyos que tiene la interna ya sea familiar, grupo de amigos, es decir, se analizó sobre el círculo familiar que está apoyando y animando, la relación y comunicación que tiene con los familiares y amigos ante su condición de privación de la libertad.
Caracteristicas de la personalidad	**Molestias en la prisión**: este instrumento mide lo que la interna le desagrada o le causa molestia en la cárcel, ya sea si se adaptó a algunas circunstancias. Nivel de agresividad: se pretende utilizar este test para que la interna señale sobre las proposiciones que se le presentan en el instrumento lo que identifica en su comportamiento de agresividad.
	Historias de vida: Se trata de que la interna realice su autobiografía de tu vida, esta es dividida en cuatro partes: a) Primera parte: la infancia, es decir, desde los primeros recuerdos hasta los 14 años. b) Segunda parte: desde los 14 hasta los 25 años antes de entrar a prisión. c) Tercera parte: Edad adulta, especialmente los años antes de entrar en prisión. d) Cuarta parte: desde el momento que fue ingresada a la prisión hasta el día actual. **Escalas de autoconcepto**: este instrumento permite que la interna señale de acuerdo a lo que se le presenta, cómo se considera de acuerdo a su personalidad. **Recursos psicológicos**: por medio de los elementos que se plantea en el instrumento da la posibilidad de saber cómo se siente la interna ante su situación de cárcel. **-Habilidades sociales**: permite indicarnos cuales son las habilidades sociales que tiene la interna para relacionarse con su familia amigos y sociedad

Fuente: Elaboración propia (clasificación de instrumentos de campo en los del entornos: Físico-social y los de Personalidad, utilizados para la investigación con las internas del CERESO)

2.5. Resultados

En este informe se muestra un avance de la aplicación de los instrumentos a mujeres internas, para el análisis de las conductas que adoptan las mujeres internas y que van manifestándose por medio de su personalidad y además ponen en riesgo el proceso de su reinserción social. Cabe mencionar que se aplicaron 6 instrumentos por cada categoría a 11 internas del CERESO. Unos de los motivos por los que solo se aplicaron los instrumentos a el 10% de la población, es la falta de tiempo, ya que hay diferentes actividades programadas en la institución que coincidían en el horario de trabajo de campo. También la escasa disponibilidad de las internas, en primer lugar por el empleo que tienen dentro de la institución ya que algunas que no reciben apoyo de sus familiares, tienen que solventar sus gastos para adquirir sus artículos personales, otro punto es el poco interés que mostraron para participar en la respuesta de los instrumentos.

A continuación se mencionan los resultados obtenidos por medio de unas gráficas, que se organizaron de acuerdo a las categorías que se mencionan anteriormente, las del Entorno Físico- social y las de la Personalidad.

2.5.1 Categoría. Entorno Físico-social

En esta categoría se aplicaron los instrumentos: Apoyo social, Molestias en la prisión y Nivel de agresividad en donde se encontró lo siguiente:

Gráfica 1. Apoyo social

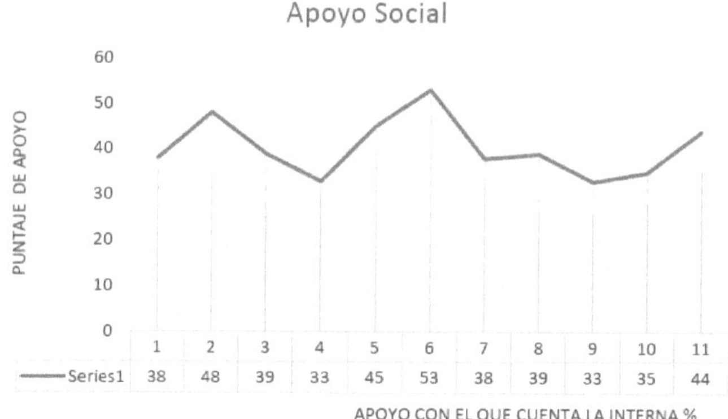

Fuente: Elaboración propia de acuerdo al instrumento aplicado a las internas del CERESO "Duport Ostion"

En la gráfica 1, se muestra por puntos obtenidos sobre el apoyo que tienen las internas del CERESO, donde 20 puntos es = a no tiene apoyo, 40 puntos es = a veces lo apoyan sus familiares o amigos, 60 es igual = a que tiene un apoyo y 80 puntos es = a que siempre tiene apoyo.

De las 11 internas a las que se les aplicó el instrumento, 7 de ellas no cuentan con el apoyo suficiente en su situación actual, de acuerdo con la puntuación obtenida se mantienen abajo de los 40 puntos y 4 de las internas solo tienen el apoyo de sus familiares y amigos. En esta gráfica, nos da un resultado de 7 de cada 11 internas no cuentan con el apoyo de sus familiares y amigos estando en el CERESO, y solo 4 internas de las 11 a las que se les aplicó el instrumento mantienen un contacto y sienten tener el apoyo de sus familias ya que acuden a ellos aun estando internas en un CERESO.

Gráfica 2. Molestias en la prisión

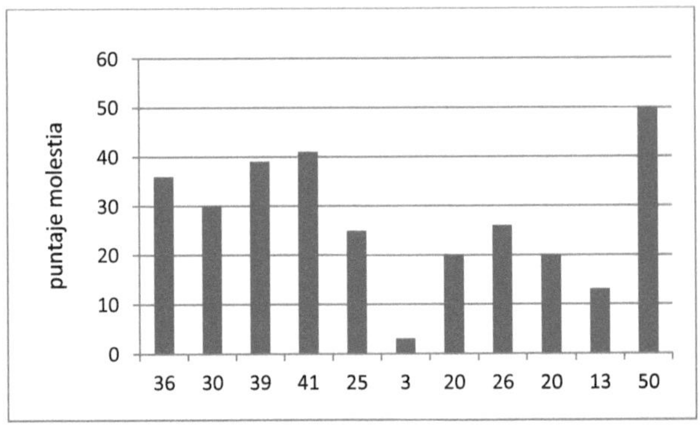

Fuente Elaboración propia, resultados obtenidos del instrumento aplicado a las internas del CERESO "Duport Ostion"

En esta gráfica se obtuvieron los puntajes de molestias que las internas tienen al estar en la prisión donde 12 es = a nada, 24 es = a muy poco, 36 es = a algo, 48 es = a mucho y 60 es = a bastante.

Menor molestia presentan las internas al estar en prisión, es decir, que se adaptaron en su mayoría, de las 11 internas a las que se aplicó el instrumento, a 3 internas les molesta algo la prisión, a 6 muy poco les molesta el ambiente, a una interna, nada y por ultimo a una interna le molesta demasiado el estar en la cárcel, los horarios, él ruido, la celda y el estar con sus compañeras, es decir, 7 de las 11 internas se adaptaron al medio en que se encuentran viviendo.

Gráfica 3. Nivel de Agresividad

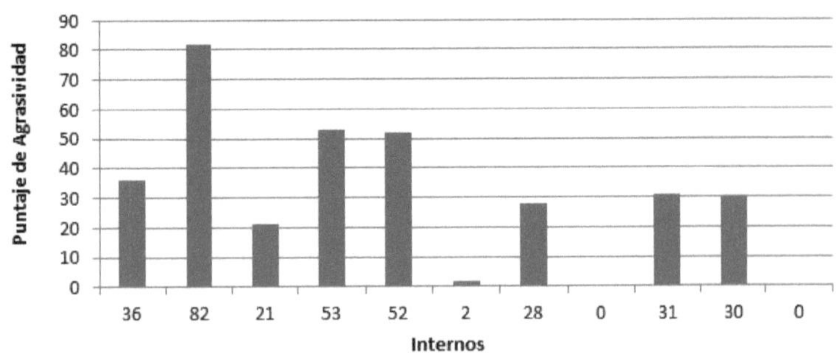

Fuente: Elaboración propia, resultado de la aplicación del instrumento Molestias en la prisión a las internas del CERESO "Duport Ostion"

En la gráfica 3 se da a conocer el puntaje en el nivel de agresividad que tienen las mujeres internas del CERESO, donde 20 puntos es =a un nivel bajo, 40 puntos es = algo bajo, 60 puntos es = a medio, 80 puntos es = alto, 100 puntos es = a demasiado.

De las 11 internas 1 tiene el nivel alto de agresividad, 3 no contestaron este apartado por motivos personales, 2 se mantienen en nivel medio de agresividad, una en algo de agresividad y una interna en nivel bajo de agresividad.

La mayoría que contestó este instrumento se mantiene en menos del nivel medio de agresividad, la interrogante o lo que habría que ver en este punto, es el motivo por el cual las internas no contestaron este apartado, si se sienten agredidas al aplicarles el instrumento o no reconocen que son agresivas

2.5.2 Categoría de la Personalidad

En esta categoría se aplicaron los instrumentos: Habilidades Sociales, Autoestima, y los Recursos psicológicos en donde se encontró lo siguiente:

Tabla 5. Habilidades sociales

		GRUPO I (de 1 a 8)	GRUPO II (de 9 a 14)	GRUPO III (de 15 a 21)	GRUPO IV (de 22 a 30)	GRUPO V (de 31 a 42)	GRUPO VI (de 43 a 50)
	PDM	32	24	28	36	48	32
INTERNA No. 1	PDO	15	13	19	26	31	15
	PDP	47%	54	68	72	65	47%
INTERNA No. 2	PDO	31	19	20	28	38	24
	PDP	97%	79	71	78	79	75%
INTERNA No. 3	PDO	15	11	13	19	25	16
	PDP	47%	46	46	53	52	50%
INTERNA No. 4	PDO	25	14	16	19	28	26
	PDP	78%	58	57	53	58	81%
INTERNA No. 5	PDO	22	18	16	4	0	0
	PDP	69%	75	57	11	0	0%
	PDO	25	14	15	16	17	10

INTERNA No. 6	PDP	78%	58	54	44	35	31%
INTERNA No. 7	PDO	10	10	10	21	20	23
	PDP	31%	42	36	58	42	72%
INTERNA No. 8	PDO	21	18	20	3	0	0
	PDP	66%	75	71	8	0	0%
INTERNA No. 9	PDO	23	12	20	36	36	17
	PDP	72%	50	71	100%	75	53%
INTERNA No. 10	PDO	9	13	10	15	13	0
	PDP	28%	54	36	42	27	0%
INTERNA No. 11	PDO	8	17	6	17	14	8
	PDP	25%	71	21	47	29	25%

Fuente: Elaboración propia, resultados obtenidos en la aplicación del instrumento de las habilidades sociales a las internas del CERESO "Duport Ostión" de la Ciudad de Coatzacoalcos.

La tabla 5 muestra los resultados de las habilidades sociales de cada interna, donde PDM se refiere a la Puntuación Directa Máxima que puede tener en el test, el PDO es la Puntuación Directa Obtenida de la interna, el PDP se refiere al cálculo de Puntuación Directa Ponderada, es decir, el porcentaje obtenido.

-En el grupo I de las Primeras Habilidades Sociales se muestra que de las 11 internas 4 muestran fuertes habilidades sociales y 6 tienen débiles sus habilidades sociales.

-En el grupo II Habilidades Sociales Avanzadas de las 11 internas 4 se mantienen fuertes sus habilidades, mientras que las 7 restantes se mantienen débiles.

-En el grupo III de Habilidades relacionadas con los Sentimientos de las 11 internas 2 se relacionan bien en estas habilidades y 9 internas restantes les cuesta trabajo.

-En el grupo IV de Habilidades Alternativas a la Agresión de las 11 internas una interna muestra agresión elevada, 2 tienen un nivel medio y el resto en un bajo porciento de agresión.

-En el grupo V Habilidades para hacer frente al Estrés, de las 11 internas 2 tiene habilidades elevadas para hacer frente a las situaciones estresantes, mientras que las 9 restantes, no tiene esta habilidad como su fuerte.

-En el grupo VI Habilidades de Planificación, solo 3 internas de las 11 muestran que tienen fuertes estas habilidades, mientras que 5 tienen débiles estas habilidades, las 3 últimas no contestaron esta parte del test, ya que al parecer no han puesto en práctica la habilidad de realizar o planificar actividades de su vida.

Gráfica 4. Autoestima

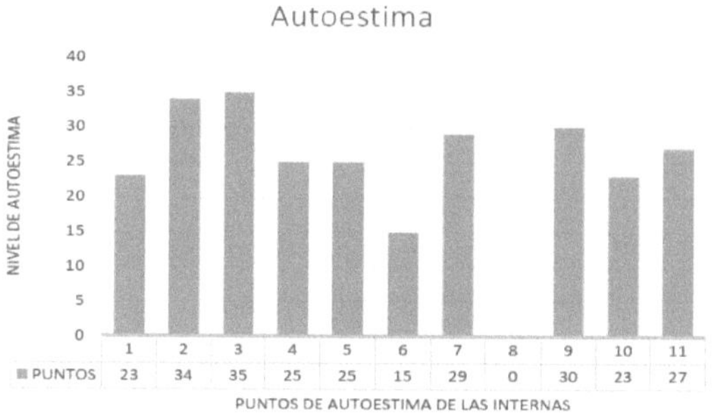

Fuente: Elaboración propia, resultados obtenidos del Instrumento aplicado a las internas del CERESO "Duport Ostion

En la gráfica 4 se presentan los resultados de las 11 internas con respecto al nivel de autoestima que tienen. Donde 30 puntos a 40 puntos mantienen una autoestima elevada, de 26 puntos a 29 puntos tienen una autoestima media y menos de 25 puntos tienen baja autoestima.

Los resultados muestran que de las 11 internas 3 tiene autoestima elevada, 2 tiene autoestima media y 5 tienen autoestima baja, solo una interna no contestó el test.

Gráfica 5. Recursos Psicológicos

Puntos
120
100
80
60
40
20
0
77 80 86 98 75 60 99 108 78 59 109

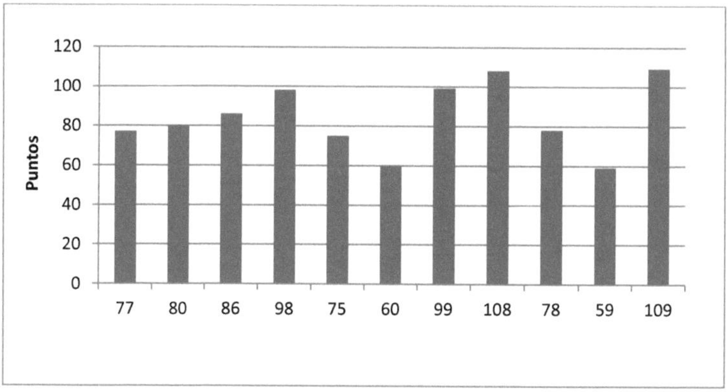

En la gráfica 5, se muestran los resultados del instrumento de recursos psicológicos con los que cuentas las internas.

La gráfica 5 muestra los resultados del intrumento de recursos psicológicos con los que cuentan las internas

Donde 117 puntos = a 120 puntos tiene excelentes recursos, 78 puntos son buenos recursos, 39 puntos son malos recursos, 0 puntos es igual a nada de recursos Psicológicos.

De las 11 internas a las que se le aplico el instrumento, 5 tienen excelentes recursos psicológicos, 6 tiene buenos recursos psicológicos.

2.6 Hallazgos

Dado los resultados de los instrumentos aplicados se dieron los hallazgos que se muestran en la siguiente tabla 6, dándolos a conocer según las categorías.

Tabla 6. Hallazgos

ENTORNO FÍSICO-SOCIAL	El ambiente y la situación, según el caso, provoca que la interna tenga la necesidad de acudir con quienes se sienta mejor ya sea sus familiares y amigos, lo que respecta en este punto, es difícil en la mayoría para ellas contar con este apoyo de familiares y amigos, ya que por su situación se ven alejados de ellos y dicen no contar con nadie más que sí mismas ocompañeras de celdas.
PERSONALIDAD:	Habilidades Sociales: en este apartado se muestra que en la mayoría de las internas, no pueden mantener una relación con las demás personas, y que deben poner en práctica estas habilidades de interrelacionarse, pues es importante para su proceso de reinserción a la sociedad. Autoestima: Las mujeres internas se ven a sí mismas como personas que no son capaces en la mayoría de los casos, de poder sobresalir y enfrentar estas situaciones de estrés. Es importante para un proceso de reinserción social que la interna tenga en mente positiva que puede lograr superar su situación, en los resultados la mayoría de las internas presenta baja autoestima lo que dificulta su proceso de reinserción.

Fuente: Elaboración propia Los Hallazgos obtenidos por la aplicación de los instrumentos del Entorno Físico- Social y de Personalidad a las internas del CERESO "Duport Ostion"

Capítulo III. Estrategia de intervención

3.1.1 Fundamento de la estrategia

La estrategia de intervención se fue deliberando por medio de la investigación, ya que la metodología utilizada fue la de María Angélica Gallardo, en seguimiento a la investigación de acuerdo a la necesidad o problemática, tomando en cuenta los elementos como: la planeación, los objetivos de la intervención, las metas que se quieren alcanzar, la ejecución del proyecto de intervención al problema, los resultados y la evaluación.

Considerando también el uso de las técnicas, en primer lugar es para la recolección de datos; la bitácora col, la planeación de actividades y reportes; en segundo, lugar las técnicas grupales para el desarrollo de los temas, así también tomando en cuenta otras técnicas para el debate tal es el caso del Cine-diálogo que es utilizado por la Comisión Nacional de Derechos Humanos para tratar diversos temas promoviendo el debate y divulgación del mismo.

3.1.2 Planeación

Se diseñó con base al diagnóstico de la investigación de las conductas que las mujeres adquieren en la cárcel, esto como parte de los efectos de la prisionización, y que a su vez las conductas que van adquiriendo y modificando su personalidad, vulneran la reintegración a la sociedad en cuanto estén en libertad, por afectar en sus habilidades sociales de la interna.

Es por ello que pensó en la realización de este proyecto, llamado "Actuando ante la prisionización", utilizando como técnicas, la reflexión a partir de lecturas comentadas, técnicas de grupo para la destreza de las habilidades sociales, y el Cine-diálogo donde se proyectan películas y al finalizar se espera una reflexión en donde puedan expresar sus vivencias y reflexionar sobre sus modos de vivir

3.1.3 Objetivos de la estrategia de intervención

Objetivo General:

Prevenir la adopción de conductas antisociales y de personalidad que perjudiquen el proceso de reinserción social de las mujeres internas.

Objetivos Específicos:

a) Educar a las internas sobre las conductas que pueden adoptarse en la prisión y que ponen en riesgo su reinserción social.

b) Reflexionar sobre las conductas adoptadas en el CERESO, que pudieran limitar su reinserción social

c) Establecer estrategias de compromiso con las internas para que se comprometan a modificar las conductas perjudiciales, que han adoptado en la prisión.

3.1.4 Metas

1.-Que el 30 % de las internas del CERESO "Duport Ostión" participen en el proyecto

2.- Formar dos grupos de por lo menos 15 mujeres para el debate y reflexión sobre las conductas que adoptaron en la prisión y que perjudican su reinserción social.

3.- Realizar un cine-diálogo que permita socializar la importancia de la adopción de conductas antisociales.

4.- Reflexionar a través de por lo menos 2 técnicas que propicien la retroalimentación basada en vivencias personales.

Tabla 7. Cronograma de actividades

METAS	ACTIVIDADES	TECNICA	BENEFICIARIOS	PRODUCTO
1.-Que el 30 % de internas del CERESO "Duport Ostión" participen en el proyecto.	1. Acercamiento y presentación con las autoridades responsables del CERESO y el departamento de Trabajo Social.	-Argumentación sobre el tema de la adopción de conductas en la prisión y la importancia del proyecto.	-Internas del CERESO Duport Ostión de Coatzacoalcos.	Oficio de acuerdo para la aplicación del proyecto.
	2.- Acuerdo de trabajo con el Departamento de Trabajo Social, cuestiones de logística.	-Explicar sobre las actividades a realizar con las internas que se pretende trabajar en la aplicación de este proyecto además de horarios y material a utilizar.	Departamento de Trabajo social y responsable del proyecto.	Acuerdo en relación al trabajo en conjunto.
	3.- Presentación con las internas y los responsables del proyecto.	-Platica con las internas explicando el motivo del proyecto.-Aplicación de la técnica Rueda de nombres para mejorar la comunicación con las internas.	Las internas que sean partícipes del proyecto	
2.- Formar dos grupos de por lo menos 15 mujeres para el debate y reflexión sobre; las conductas que adoptaron en la prisión	Creación de un debate y reflexión.	-Aplicación de lecturas comentadas. Realización y lectura de historias de vida. Reflexión del tema e Identificación de sus conductas por medio de un instrumento.		
y que perjudican su reinserción social.		-Conclusión del tema a partir de la perspectiva de las internas. Se realizaran técnicas de relajación y bitácoras col.		
3. Realizar un cine-diálogo que permita socializar la importancia de la adopción de conductas antisociales.	Preparar la proyección depelículas para las internas.	Después de la presentación de la película se abrirá un tiempo para dialogar y reflexionar.		

4.- Aplicar por lo menos 2 técnicas que propicie la retroalimentación basada en vivencias personales.	Retroalimentación	1. Producción de un sociodrama protagonizado por internas.		
	Reflexión final	Conclusión comentadaa partir de las vivencias de las internas.		

Fuente: Elaboración propia se realizó el programo de acuerdo a las actividades a realizar en el proyecto "Actuando ante la prisionización"

3.1.5 Evaluación

Tipo de evaluación: de relevancia, esta evaluación permite a saber el impacto que ha tenido el proyecto con las mujeres internas.

Objetivos: ¿Cuál es el impacto que han tenido las mujeres internas con respecto a las actividades del proyecto?

Fases: solo se aplicó la evaluación al final del proyecto, después de haber cerrado con todas las actividades.

Categorías:

Dentro de las categorías se evaluaron: el contenido de los temas que se plantearon, la originalidad del proyecto, la organización que se mantuvo con respecto en tiempo y forma con respecto a los horarios establecidos para las actividades, la relación con respecto a las ilustraciones a presentar con el contenido del tema, si fue clara la exposición del tema y si el ponente uso ejemplos.

Instrumento dela evaluación del proyecto

A continuación se muestra el instrumento de evaluación, y se resaltan en color los puntos obtenidos por el proyecto realizado.

Tabla 8. Instrumento de evaluación del proyecto

Items	Excelente 3	Bueno 2	Regular 1	Deficiente 0
Contenido	Cubre los temas en profundidad, con detalles y ejemplos.	Incluye conocimiento básico sobre el	Incluye información básica sobre el	El contenido es mínimo.
Organización	Contenido bien organizado usando títulos y listas para agrupar el material	Uso títulos y listas para organizar, pero la organización en conjunto de tópicos	La mayor parte del contenido está	La organización no estuvo clara o fue lógica. Solo muchos hechos
Originalidad	El producto demuestra gran originalidad. Las ideas son creativas e ingeniosas.	El producto demuestra cierta originalidad. El trabajo demuestra el uso de nuevas ideas y de perspicacia.	Usa ideas de otras personas (dándoles crédito), pero no hay casi evidencia de ideas	Usa ideas de otras personas, pero no les da crédito.
Relación Textos/Gráficos	El texto está correctamente ilustrado con gráficos o imágenes pertinentes estando equilibrados texto e imágenes.	El texto está correctamente ilustrado y equilibrado	No hay equilibrio entre imágenes y texto, y algunas carecen de relevancia o pertinencia.	Las imágenes y el texto están desequilibrados o no son pertinentes y tienen una finalidad decorativa.
Exposición	El ponente conoce perfectamente el tema del que habla y lo hace de forma clara y amena, hilando las ideas y poniendo ejemplos sin necesidad de leer	El ponente conoce bastante bien el tema del que habla e hila las ideas del mismo, aunque necesita consultar de vez en cuando la presentación. La exposición es clara y amena.	El ponente conoce poco el tema del que habla recurriendo numerosas veces a la lectura de la presentación y su discurso está entrecortado y poco hilado.	El ponente apenas conoce el tema y de forma continuada lee la presentación. La exposición resulta monótona y confusa, sin expresividad y muy entrecortada.
Puntuación	No hay faltas de ortografía ni errores gramaticales.	Tres ó menos faltas de ortografía y/o errores de	Cuatro errores de ortografía y/o errores gramaticales	Más de cuatro errores de ortografía y de gramática
Preguntas	Los ponentes contestan de forma precisa a las preguntas ampliando incluso la información dada en la presentación sin cometer ningún error.	Los ponentes responden de forma clara y precisa a las preguntas, aunque cometen algún error en las contestaciones.	Los ponentes responden de forma confusa a las preguntas y cometen más de dos errores.	Los ponentes contestan con generalidades de forma vaga y poco precisa e incurren en numerosos errores.

Fuente: consultado en https://sites.google.com/site/areadetrabajo/evaluacion-presentaciones

3.1.6 Estrategia de intervención.

Por los resultados obtenidos previamente con la investigación realizada en el Centro de Reinserción Social de Coatzacoalcos "Duport Ostion", sobre las conductas que las internas adoptan al estar en un sistema penitenciario cumpliendo una pena, y que las mismas pueden afectar su reinserción con la sociedad; las acciones que considera el sistema penitenciario es el reeducar, poniendo las reglas para que estas sean respetadas por las internas, es decir promover la disciplina, eso es por una perspectiva correctiva, desde la teoría del autor "Clemmer 1940" estas adopciones de las internas ya sea de menor a mayor grado son "efectos de la prisionización", también por medio de la investigación se encontró que la reacción de adoptar ciertas costumbres carcelarias es un modus de sobrevivir es decir que se ve como un mecanismo de defensa ante una situación difícil, el autor Clemmer hace una referencia con un ejemplo de migración, el migrante como método de sobrevivir se va adaptando al medio en que se encuentra, y va cambiando su método según vaya migrando. Se busca entonces por medio del Proyecto propuesto "Actuando ante la prisionización" Acciones, que sean encaminadas a la reflexión de las conductas que las internas adoptan en la cárcel y que pongan en riesgo o vulneren su inserción a la sociedad.

También se tomó en cuenta el modelo ecológico de Urie Bronfenbrenner en donde se ve al individuo como un sistema, el ambiente en el que se encuentra y en el que se involucra según a los subsistemas, aplicándolo como un complemento de visualización de la realidad de la interna. El autor Uri Bonfenbrenner en sí, utiliza 4 sistemas pero en este caso se utilizan 3; en el primero se representa como el microsistema: el medio en el que se encuentra actualmente la interna es decir, el ambiente de la cárcel; el segundo es el Mesosistema; la relación que establece con sus familiares y autoridades de la institución Penitenciaria, por ultimo está el Macrosistema: que son los valores, cultura, creencias, las conductas adoptadas en la cárcel que modifican su personalidad y por la influencia de las normas sociales.

La intervención a ante esta situación exigió buscar unas acciones que tengan que ver con la ejercitación de sus habilidades sociales, la reflexión de sus vidas cotidianas en la cárcel así como el trabajo en grupo.

Las habilidades sociales son parte del ser humano conforme nos vamos desarrollando estas se van haciendo presentes en todo momento, algunas más fuertes que otras, pero que permanecen en la personalidad de cada persona. Unos de los efectos de estar en la cárcel es que el encierro provoca tensión, y hostilidad para las internas, es por ello que se propone la ejercitación de las Habilidades Sociales, para un mejor desarrollo y así no se pone en riesgo su reinserción con la sociedad.

3.1.7 Descripción y conceptualización del proceso de intervención.

La intervención se considera de manera orientadora, ya que la metodología utilizada desde la apertura de intervención se eligió a María Angélica Gallardo quien propone que el hombre es encausador de su propia realidad, como Trabajadores sociales, se orienta al sujeto social, dándole diferentes perspectivas en las que pueda enfrentar su situación pero solo él tiene el poder y el quehacer desde propia su elección.

"Las habilidades sociales son las pautas que ponemos de manifiesto cuando nos relacionamos con otras personas, expresando nuestros sentimientos, actitudes, opiniones,….y derechos." (Comision Europea, 2014). Las acciones que se pretenden realizar para el ejercitar las habilidades sociales son:

-Lecturas de reflexión: el objetivo de esta actividad es que mediante la lectura, las internas puedan realizar un análisis, así como compartir en el grupo su opinión o vivencias que las ayude a reflexionar sobre su situación, es método de apoyo entre las internas.

-Cine- dialogo: esta actividad consiste en proyección de una película para que al finalizar se realice una diálogo con respecto al tema.

-Técnicas grupales: se aplican las técnicas de grupo en donde se ejercita la comunicación y sus habilidades sociales, además de que ayuda a salir por un momento fuera de su cotidianidad carcelaria.

3.1.8 Descripción de las fases del proceso

Tabla 9. Fases del proceso

FASES DEL PROYECTO	
Objetivos	**Actividades**
General: Prevenir la adopción de conductas antisociales y de personalidad que perjudiquen el proceso de reinserción social de las mujeres internas.	Se realizó el acercamiento y presentación con las autoridades responsables del CE.RE.SO. El subdirector Técnico Jurídico y la Jefa del departamento de Trabajo Social, con los cuales se acordó la intención de aplicar el proyecto "Actuando ante la Prisionización". La relación y trato de las autoridades antes mencionadas fue de cordialidad y coordinación para la apertura del proyecto, la disponibilidad del espacio en donde se trabajó con las internas, además de los recursos materiales que la misma institución proporcionó, cabe mencionar que por fuerza mayor no se nos proporcionó el equipo, ya que la institución tenia visitas de autoridades gubernamentales, además de que el equipo no funcionó correctamente.
ESPECÍFICOS:	**ACTIVIDADES**
a) Informar a las internas sobre las conductas que pueden adoptarse en la prisión y que ponen en riesgo su reinserción social **b)** Que las mujeres internas reflexionen sobre las conductas adoptadas en	**a)** Se realizó la invitación a las internas para que estuvieran presentes en la apertura del proyecto "Actuando ante la Prisionización". Se procedió a realizar una invitación a las internas para que participaran en el proyecto, al principio no parecían estar interesadas, pero con una breve explicación e invitación personal accedieron a participar formando dos grupos los miércoles y viernes en diferente horario, ya que algunas internas comentaron que tenían actividades que no podían interrumpir y accedieron a participar si se programaba en un horario flexible. **b)** Con la formación de 2 grupos se realizaron las actividades correspondientes. Cabe mencionar que las actividades programadas en el proyecto no llegaron a complementarse por el corto tiempo de trabajo con las internas.

	Aplicación de Técnicas para el rompimiento del hielo: Técnica con la primera letra del nombre. Para poder conocer a las internas y empezar a tratar en un ambiente de confianza se optó para la realización de esta técnica en la cual la interna se presentó y da un nombre de fruta. **Aplicación de lecturas** comentadas: "Aborto él bebe incorrecto" por Abraham Paniagua. En donde se reflexionó acerca de las acciones que como humanos se puede cometer y que toda decisión tiene una consecuencia, podemos decir que toda causa tiene un efecto y este efecto puede tener una consecuencia de manera social, religiosa y personal. En donde las internas realizaron una participación y dieron su experiencia personal por la cual están en la cárcel. Posteriormente se dio una lectura de reflexión en la cual debían escuchar con atención para que pudieran reflexionar y posteriormente pudieran realizar una reflexión grupal, en donde expresaran lo que ellas quisieran dedicar a otras personas. Con respecto a las habilidades sociales se realizó una proyección en donde se explicó que se tiene 5 tipos de habilidades: Básicas, Avanzadas, Relacionadas con los sentimientos, para la negociación y la planificación. Con ello se debe ejercitar la asertividad, en donde se realiza una toma de decisiones, que se podrá tomar en cuanto esté relacionada con la sociedad, amigos, familiares Otra actividad es el juego de tarjetas en dónde se indica que busquen para tres letras del nombre, tres adjetivos positivos que escribieron, para dar un ejemplo pase yo primero, y así sucesivamente pasaron las internas, algunas no querían ya que su conducta muestra que son tímidas al expresarse a los demás, pero entre ellas mismas se animaban. Se implementó el Cine-Diálogo con las películas,

	El gran pequeño, y La dama de oro, en donde al finalizar las películas, las internas dialogaron sus experiencias, ellas dijeron “que de alguna manera en la vida cotidiana hay obstáculos y que por malas decisiones se cometen errores, pero lo importante es volver a levantarse de la caída, no rendirse con un problema en partícular, si no persistir y hacer lo correcto

Fuente: Elaboración propia el contenido de la tabla es respecto a las actividades y fases establecidas en el proyecto con las internas del CERESO.

Capítulo IV. Sistematización de la intervención profesional

4.1 Sistematización de la Práctica

En este apartado se describe el Plan de sistematización tras la realización de actividades y experiencias vividas en la práctica de campo, así como los hallazgos que se obtienen a partir de lo que se está sistematizando, en este caso las experiencias vividas del Trabajador Social en el centro de reinserción social Duport Ostion de la ciudad de Coatzacoalcos. Para empezar vamos a definir que es la Sistematización.

La sistematización es el proceso que tiene la intencionalidad de recabar información a partir de la experiencia vivida de manera ordenada, reconstruyendo las acciones ejecutadas, basándose también por medio de teorías y métodos que fundamentan los argumentos planteados, con la finalidad de realizar un análisis crítico, reflexivo de la experiencia vivida y así contribuir a nuevos conocimientos.

4.2 Objetivo de la sistematización

El objetivo por el cual se sistematiza la realización del proyecto "Actuando ante la prisionización" es:

-La recuperación de la información y acciones que se llevaron en dicho proyecto, cómo se dieron las relaciones entre los participantes y la organizadora.

-Percibir tanto las buenas como las malas prácticas realizadas para realizar una evaluación de ellas.

-Descubrir los hallazgos que se dieron por medio de la recuperación de información y el análisis de la evaluación.

-Contribuir aportando nuevas soluciones ante el problema de los efectos de prisionización y aportar con nuevos conocimientos.

4.3 Objeto al que se sistematiza

Hablando sobre los objetos a quienes vamos a sistematizar nos referimos a aquellas personas que participaron de manera activa o pasiva en el proyecto "Actuando ante la prisionización". En este caso hablamos de:

-Organizador del proyecto: es la persona quien estuvo a cargo del proyecto, de las actividades realizadas con la población beneficiaria, además de las gestiones

-Internas del Cereso: son la población beneficiaria con el proyecto, es decir, el objeto de estudio a quien se le dedica las actividades antes planeadas.

-Autoridades de la institución y personal: son las personas que dirigen la institución, con quienes se debieron gestionar el acceso y permiso para trabajar con las internas, también al departamento con quien se trabajó conjuntamente o que estuvo supervisando las actividades que se realizaron de dicho proyecto.

4.4 Procedimiento para la sistematización

Para la sistematización de la experiencia se utilizó una metodología que para ordenar y reconstruir

1.-Reconstrucion de la experiencia: narrar las experiencias que se obtuvieron en la realización del proyecto, permite recordar a manera de consultar lo sucedido y hacer una valoración de los conocimientos adquirido por la experiencia.

2.-Sistematizacion de experiencias: En este punto se identificaron, las acciones, la comunicación y ambiente en las que se vivieron los focos de interés y núcleos de aprendizaje de la experiencia, para la realización de una evaluación a seguir, conforme a tres niveles el análisis institucional, estratégico y operativo.

3.-Sistematizacion de acciones: Se toma parte de la información que se dio en el anterior paso, la sistematización se realiza a partir de una valoración de acciones tomadas sobre los aprendizajes.

4.-Hallazgos de la sistematización: aquí se descubre una información útil pues arroja la información relevante respecto al proyecto; tanto las prácticas buenas como las deficientes.

5.- Lecciones aprendidas y resoluciones: en este punto se expresan las lecciones aprendidas de la experiencia vivida en este caso lo que se vivió en la realización del proyecto "Actuando ante la prisionización" de manera personal y profesionalmente, desde una perspectiva crítica, además de aportar nuevas ideas o soluciones que ayudaran a mejorar la situación de las internas del CERESO "Duport Ostion" o problema que se haya descubierto.

4.5 Análisis del proceso

En este apartado se describió el desarrollo de la práctica profesional, desarrollando el proyecto "Actuando ante la prisionización" utilizando los espacios en el CERESO "Duport Ostion" de la ciudad de Coatzacoalcos, contando con la participación de 30 internas, y personal de la institución que apoyo con las prestaciones del aula y material de proyección.

1.-Reconstrucion de la experiencia: Se efectúa el proyecto "Actuando ante la prisionización" con el motivo de que las internas, puedan ejercitar sus habilidades sociales ya que el efecto de la prisionización pone en riesgo su reinserción a la sociedad, por la modificación de su conducta y adopciones de la cultura carcelaria.

La invitación para que participaran en las actividades del proyecto, se realizó personalmente, entrando a la Zona 5 del CERESO, en donde se encuentra las celdas de las internas, cuando se les invita a participar también se les explica de las actividades a seguir del programa.

Algunas de las internas accedieron rápidamente, otras no, ya que tenían actividades que realizar con otros departamentos de la misma institución, o trabajos en los que se emplean para tener un ingreso personal para sí mismos o para ayudar a sus familiares. Por lo antes mencionado, se preguntó el horario que tenían disponible, y se consideró formar 2 grupos cada uno de 15 internas en diferente horario.

2.-Sistematizacion de experiencias:

La comunicación se mantuvo al cien por ciento bien con la Jefa del departamento de trabajo social, a quien se le informaba y se entregaba una planeación y reporte de cada semana, además de tenerla al tanto del acontecimiento que presentara. De igual manera se mantuvo una comunicación directa con el Subdirector Técnico Jurídico, con quien se gestionaron los recursos materiales que se utilizaron en las sesiones del proyecto, además de comunicarle sobre el contenido de las actividades a realizar.

Las acciones, la comunicación y ambiente en las que se vivieron los focos de interés y núcleos de aprendizaje de la experiencia, para la realización de una evaluación a seguir, conforme a tres niveles el análisis, el institucional, estratégico y operativo.

4.6 Sistematización de acciones

Tabla 10. Sistematización de Acciones

Estratégicas	Operativas
Se realizó la invitación para que las internas participen en el proyecto.	• Se realizó una apertura del proyecto, contando con la presencia del subdirector técnico jurídico, la Jefa del Dpto. De Trabajo social Lic. Petra Martínez Barreiro, Internas del CERESO y personal de custodia. • Se forman dos grupos de internas, cada uno en horario diferido, ya que ellas tienen que cumplir con otras actividades de la institución. • Cada grupo con 15 internas. • Al momento de la invitación, surgieron preguntas por parte de las internas, entonces por las dudas, se argumentó el motivo del proyecto así como las actividades programadas.

Tecnicas grupales	• La primer letra del nombre: en esta actividad se les da las instrucciones a las internas para que den su nombre y con la primera letra también den una fruta o verdura en dado caso que se consideren, esta actividad sirve para la presentación ante el grupo, y rompimiento del hielo, en esta actividad mostraron al principio una timidez, pero conforme fueron pasando unas que otras mostraron una personalidad extrovertida. • Juego de tarjetas: en esta actividad las internas se habrían a delatar su algunas características de su personalidad, pues tenían que escoger tres letras de su nombre para escoger tres adjetivos positivos de sí mismas, como algunas personas se les dificultaba, otras internas las apoyaban. • c. Abrigo subterráneo: es una actividad que ayudo a integrarse al grupo para trabajar en equipo. También ayuda al ejercitar sus
Habilidades sociales	Se proyectaron diapositivitas sobre el tema de las habilidades sociales, empezando por la definición: son las conductas necesarias de todo individuo que sirven para interactuar y relacionarse con los demás de forma efectiva y mutuamente satisfactoria.
Lecturas comentadas	Esta actividad ayuda a la ejercitación de las habilidades sociales. Las lecturas realizadas ayudaron a un aprendizaje sobre la asertividad, la responsabilidad social y moral.
Cine-diálogo	Las películas proyectadas sirvieron para que las internas pudieran platicar un poco de su experiencia, algunas que tenían más de 2 años de su sentencia, expresaron lo que para ellas fue su vivir pero que mantiene la esperanza en sus creencias religiosas, en la familia que aún les queda y que las está esperando afuera.

Fuente: elaboración propia, el contenido de la tabla son las estrategias utilizadas en el proyecto

Conclusiones

Es necesario implementar estrategias de concientización, para que las mujeres internas tengan mejores expectativas y que estas conductas que mantienen en la prisión de apatía, baja autoestima, agresividad y de no relacionarse con los demás, comprendan que afecta a su situación y proceso de la reinserción social.

Algunas de las acciones que se debería de implementar es la prevención de dichas conductas antisociales y de personalidad serian; 1- Informar a las internas sobre las conductas que pueden adoptarse en la prisión y que ponen en riesgo su reinserción social, 2- Que las mujeres internas reflexionen sobre las conductas adoptadas en el CERESO, que pudieran limitar su reinserción social para no poner en riesgo tanto a la interna como a la sociedad.

Todo lo anterior con el fin de que las internas se comprometan a trabajar en modificar las conductas perjudiciales, que han adoptado en la prisión y no se vea comprometida en situación de riesgo su reinserción social.

Como propuesta ante esta problemática es la aplicación del proyecto "Actuando ante la prisionización" que puedan capacitar a las mujeres internas del CERESO "Duport Ostion" y trabajar en práctica de sus habilidades sociales, ya que como se menciona con respecto a teoría de la personalidad, cada individuo tiene que ejercitar ciertas habilidades y capacidades, de no ejercitarlas se entorpecería las habilidades y la capacidad de resolución de los problemas cotidianos, que esto perjudicaría a la interna vulnerando el proceso de reinserción social, si ya hay una estigmatización de su persona por haber estado recluida en un sistema penal, la perjudicaría más y correría el riesgo de volver a delinquir.

Es importante que la institución y autoridades del mismo esté enterada de la problemática, para entablar una relación en la que se pueda debatir sobre la problemática, y tomar acciones en las que se pueda combatir a los efectos de la prisionización mejorando el ambiente del CERESO ya que también funge como una condicionante de la personalidad.

Se podría implementar una mesa de trabajo con las Trabajadoras Sociales y otros departamentos de la institución para realizar una propuesta, que se puedan implementar en el CERESO, programando una serie de acciones en beneficio de las internas del CERESO "Duport Ostion", generando la participación con el propósito de generar un material, en donde se busque la participación de las internas del CERESO y que a su vez para motivar el interés en la participación, y sea parte de su readaptación social.

Regencias Bibliográficas

Argudo, Z. A. (2013). *El bienestar psicológico en prisión: antecedentes y consecuencias.* Madrid: Tesis Doctoral, Universidad Autónoma de Madrid, Facultad de Pscologia.

Clark, M. A. (1976). *Metodología Básica del Trabajador Social.* Nuevo León: Facultad De Trabajo Social, Universidad Autónoma de Nuevo León. Dirección General de Bibliotecas.

Comisión Europea. (30 de Marzo de 2014). *Active Progress.* Obtenido de Active Progress: http://www.activeprogress.info/

Espí, J. M. (2003). El impacto carcelario. La prisionización la aportacion de Clemmer. En R. Bergalli, *Sistema penal y problemas sociales* (págs. 295 - 495). Barcelona, España: Tirant lo Blanch Colección.

Hernández, D. O. (10 de 12 de 2012). *De la readaptación a la reinserción social. Un nuevo esquema de política criminal.* Obtenido de De la readaptación a la reinserción social.Un nuevo esquema de política criminal.: http://www.ijf.cjf.gob.mx/cursosesp/2010/ejecsancionespenales/DE%20LA%20READAPTACI%D3N%20A%20LA%20REINSERCI%D3N%20SOCIAL.pdf

INEA. (22 de Octubre de 2015). *Formacion para ti.* Obtenido de Formacion para ti: http://www.ineaformate.conevyt.org.mx/index.php?option=com_content&view=article&id=73

INEGI Censo Nacional de Gobierno, S. P. (2011). *Seguridad Pública Y Sistema Penitenciario.* México: Censo Nacional De Gobierno.

Instituto Estatal para la Educación de los Adultos IEEA. (s.f.). El Modelo De Educación Para La Vida Y El Trabajo (MEVyT). *Aprender para la vida*, 11- 14.

Instituto Nacional para Adultos. (1 de Noviembre de 2015). *Formacion para ti.* Obtenido de Formación para Ti:http://www.ineaformate.conevyt.org.mx/index.php?option=com_content&view=article&id=73

J. Castellá, E. S. (2008). El paradigma ecológico en la psicología comunitaria: del contexto a la complejidad. *Enfoques conceptuales y Técnicos en Psicoloía comunitaria*, Buenos Aires: Paidós.

José Alberto Incera Dieguez, A. S. (2012). *La transformacion del Sistema Penitenciario Federal: una visión del estado.* México: CIES.

Leslie Solís, N. d. (2013). *La Carcèl En Mèxico: ¿Para Que?* Mexico: México Evalúa, Centro de Análisis de Políticas Públicas, A.C.

Luna, G. G. (2012). *Manual de Organización General del Órgano Administrativo Desconcentrado Prevención y Readaptación Social.* Estado de México: Diario Oficial de la Federación.

Mexicanos, E. C. *(el 19 de mayo de 1971). Ley que establece las normas mínimas sobre readaptación social de. Estados Unidos Mexicanos:* Diario Oficial de la Federación.

Mikulic, M. C. (2014). Estudio de la reinserción social de liberados condicionales, desde un enfoque psicosocial. *Revista Española de investigacion Criminológica*, 4 , 5.

Pública, S. d. (2012). *El Sistema Penitenciario Mexicano.* México: Secretaría de Seguridad Pública. SEP.

(Octubre de 20 de 2015). *MEVyT en Linea.* Obtenido de MEVyT : http://mevytenlinea.inea.gob.mx/inicio/index.html

ShowBinary. (25 de Septiembre de 2014). *ShowBinary.* Obtenido de ShowBinary: http://ssp.gob.mx/portalWebApp/ShowBinary?nodeId=/BEA%20Repository/308045//archivo

Printed by Books on Demand GmbH, Norderstedt / Germany